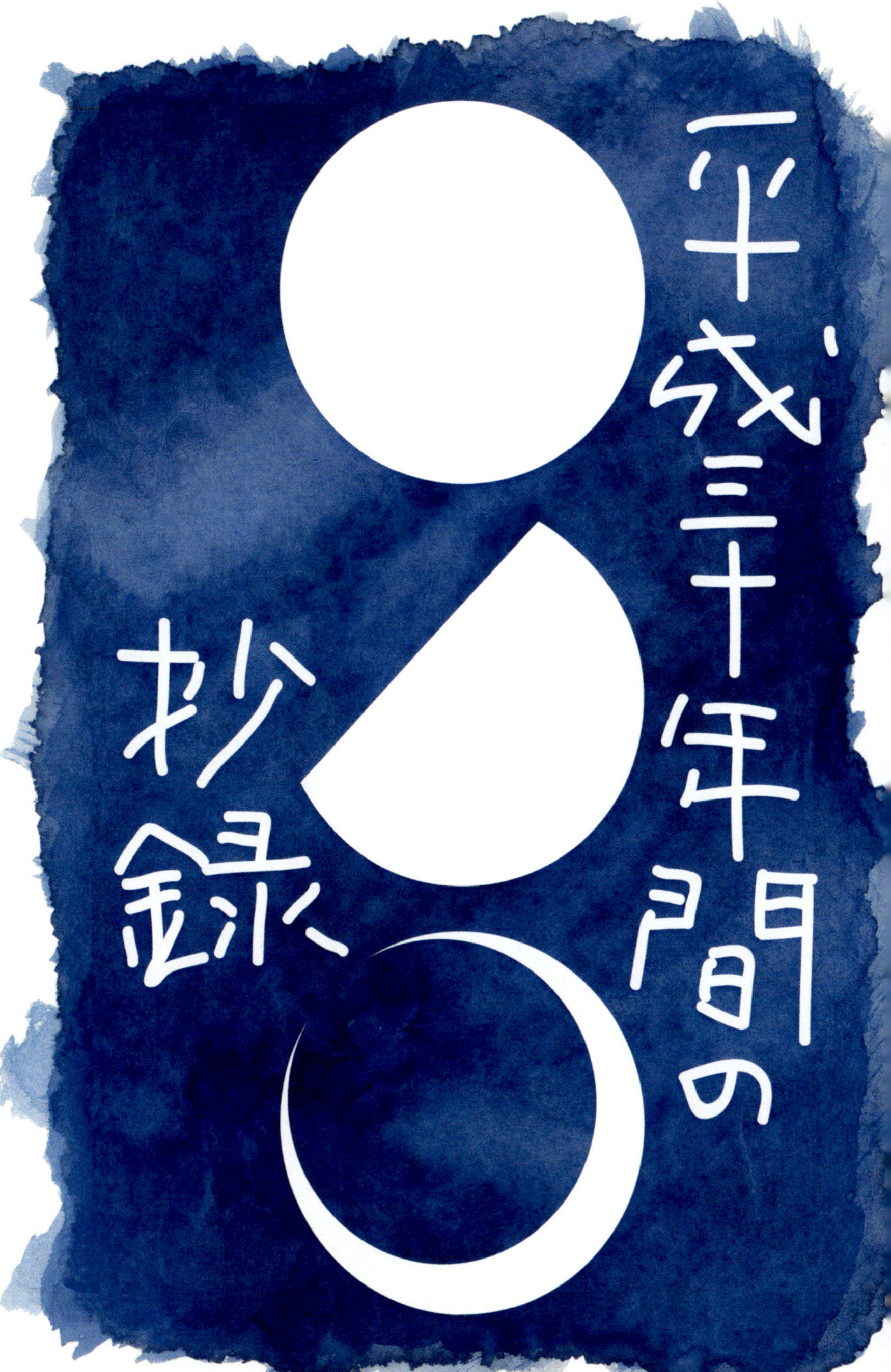
平成三十年間の
抄録

平成三十年間の抄録

―まえがき―

平成31（2019）年3月21日、東京ドームでの大リーグ公式開幕第2戦（マリナーズVSアスレチックス）延長12回の熱戦を終えた深夜11時過ぎ、大リーグ10年連続200安打と日米通算4367安打のマリナーズ・イチロー選手（45歳）が現役28年の引退会見をした。文字通り、平成を背負った大打者・偉人は「後悔などあろうはずがありません」「人より頑張ったとは言えないが、自分なりに頑張った」との教えを残して引退した。

しかして、地震と台風や豪雨の自然災害列島なる平成の日本。七年サイクルで、大きな自然災害を被っている。新潟中越地震や鳥インフルエンザ被災のあった2004年。2011年には、あの東日本大震災に福島原発事故が加わった。そしてまた7年後の2018年、西日本豪雨災害や北海道東胆振地震などの自然災害があった。

昭和が終わり平成がスタートした1990～1991年頃のことしの漢字は、「崩」。バブルの崩壊や雲仙普賢岳の崩落災害などの日本に、ベルリンの壁の崩壊およびソ連の崩壊や湾岸戦争などが外圧した。この「崩」と2004年の「災」の間の1997年の漢字は「倒」。「ファジィ」（1990）や「失楽園」（1997）などが、その年代の流行語大賞だった。

平成三十年（2018）のことしの漢字は、2004年と同じ「災」。その年の流行語大賞は「チョー気持ちいい」（北島康介）だったが、平成三十年（2018）は「そだねー」（カーリングの北見女子）と、明るく元気イメージのスポーツ若者の言葉だった。まるで踊り場のような三十年の平成が終わりを迎えた。

踊り場のように過ぎた平成の三十年をまとめて記憶にしようと、第一章「平成時代三十年の抄録」を書き下した。一息入れ、踊り場終わりの年の「平成三十年」をメモリーしようと、一年を四季ごとにまとめた。気になることは、政治や社会および官僚や政治家の方々の立ち居振る舞いではあるが、多くを自然や四季の花々に目を向けて年誌にした。

平成三十年（2018）の一年を四季に分けた回顧録に留まっていることを甘受してご一読いただければ望外の喜びです。

平成三十一年三月三十日　　筆者　吉澤兄一

目次

平成時代三十年の抄録

平成三十年間の抄録

平成の三十年……暮らしの五行詩

人は、自然との関わりで大地地球に生きる。
朝、昼、晩という時間に、暮らす。
自然は、四季の顔を持つ。私たちも四季に暮らす。
私たちは、大地自然と四季を共有する。
人は、地球や国や社会を共有する。お互いを尊重
して生きる。

1．平成時代三十年の世情抄録（平成31年1月17日のブログより）

平成という時代が終わる。その終わりの〝平成三十年〟を年誌としてまとめる前に、まずは平成という時代の日本の三十年を回顧したい。

戦後の復興から発展への四十余年の戦後昭和を受け継いだ平成。高度経済成長の名残を刻んだバブル経済の崩壊とその後の経済後退期を平成というなら、平穏平和に過ぎた三十年であったように思う。平成に入ってからの三十年は、概ね三期に分けられる。まずは、平成2年前後のバブル崩壊による土地価格の大暴落や銀行の不良債権処理と金融破綻。つぎの10年は、文字通りの金融不安、貸し剥がしや雇用減退にみられる不景気。そして、大胆な金融緩和とアベノミクスのこの10年で、決して平穏とは言えない平成だった。

平成にオーバーラップする昭和六十年代。まずは、大阪万博をうけての「つくば科学博」（昭和60年1985）が、観客動員数2000万人を達成。

電々公社がNTTになり、専売公社が日本たばこ産業（JT）になったりと、民営化がすすむ。

PL学園の清原君や桑田君の西武／巨人入りなどのドラフトが話題になったこの時期、世間は団塊ジュニアやキャバクラ、おニャン子クラブで過ぎた。

そして平成元年（1989）。男女雇用機会均等法が成立、土井たか子社会党委員長の誕生に呼応し、〝亭主元気で留守がいい〟とバブル（経済）がピークになった。国鉄の分割民営化で、JR東西など各社が発足。石原裕次郎が52歳の若さで死去した昭和62年10月のブラックマンデー。ニューヨーク平均株価が23％も下落した翌年の日本は、青函トンネルが開業する一方、世間はプータローやフリーターの話題で騒いだ。

日本における消費税（3％）がスタートする頃の世界は、中国の天安門事件や東ドイツのベルリンの壁の崩壊撤去と

つくば科学博住友館

いう変革があった。タイミングを同じくして、ソ連のゴルバチョフ書記長と米国のブッシュ大統領のマルタ会談があり、戦後の冷戦構造が終結した。アッシー君やあげまんが世間の小話になり（平成2年1990）、成田離婚や結婚しないかもしれない症候群と冬彦さんが話題（平成4年1992）で過ぎた。

平成5年（1993）、皇太子殿下の（小和田）雅子さんとのご成婚の年、非自民非共産8会派連立の細川内閣が発足し、あのロッキード事件の田中角栄元総理が死去した。同情するなら金をくれや引きこもりに合わせ、就職氷河期が訪れる（平成6年1994）。翌平成7年（1995）、阪神淡路大震災や地下鉄サリン事件が発生。その年、

ベルリンの壁崩壊

村山富市首相の戦後50年の〝侵略お詫び談話〟があり、東京では青島幸男、大阪では横山ノックといったタレント無党派知事が誕生した。

消費税3％の5％への引き上げ年の平成9年（1997）、山一證券や北海道拓殖銀行が破綻。失楽園や貸し渋りの平成10年（1998）につづき、リベンジならぬ自自公連立で小渕恵三首相が誕生、地域振興券が配布された。小渕首相の体調不良で生まれた次期森喜朗総理の平成12年（2000）、介護保険制度やナスダック・ジャパンがスタートした。出会い系サイトが、IT革命の呼び水になった。

こうして2001年（平成13年）、聖域なき構造改革の小泉純一郎政権が誕生。アメリカ・ニューヨークでの9・11同時多発テロの年、BSEやちょいワルおやじの日本の21世紀

地下鉄サリン事件

に入った。その後平成20年（２００８）までの日本の二十年は、バブル崩壊の後遺症をうけて、激動の時代になった。その後の十年（平成30年まで）は、景気後退というのか低迷というのかわからないが、サステナビリティとか言って静かで落ち着いた時代となった。

あらためて、この平成の三十年を人口学的に眺めてみよう。平成元年（１９８８）、核家族の標準ともいえる「親と未婚の子」の世帯は、総世帯の12％だったが、平成30年（２０１８）には、ほぼ2倍の22％になっている。

伝統的な世帯類型の「3世代世帯」が、平成元年の41％から約3分の1の11％（平成30年）になったこと（30％減）をみると、あとの20％分は、どのような世帯（類型）になっているのだろうか。ご推察のとおり「夫婦のみの世帯」が21％から32％に、「一人（単身）世帯」が15％から27％に増加している。

平成という時代（30年）の日本は、総人口が変わらず（１２４００万人→１２７００万人）、国民総所得（ここでは世帯平均年間所得）の減少（６５０万円→５６０万円）と「65歳以上のいる世帯」の激増（１０００万世帯→２３００万世帯）という姿になっている。加えて、増加する高齢者を介護扶養することになる働く世代（15～64歳）人口が、この30年大きく減少している（1000万人減）ことが、社会保障費負担の増大と国の歳入減を大きくしている。平穏な平成が必ずしも〝暮らしやすい〟時代だったとは言えない事由のようだ。

2. 21世紀の世界も平成の日本も難題の人口と人口構造問題

（平成30年1月19日 のブログより）

日本の平成（1989～2019）は、世界の21世紀初頭。平成の日本は、少子高齢化の対策問題や人口構造問題を抱えているが、世界の大きな

子ども広場（南流山の河川敷）

問題は、人口増加と増加に対応する食糧問題およびアフリカなどの喫緊の農業や水その他のインフラ問題だ。似ているようで大きく違う。

20世紀後半の半世紀で、世界の総人口は2倍から2・5倍になっている（60→75億人）。中国、インド、アフリカ諸国の爆発的な人口増が主因だ。

この人口増、21世紀に入りやや伸びが鈍化しているが、まだまだ高い出生率がつづくアフリカ、インド、パキスタンやバングラディッシュなどをみるに、世界全体の人口は30年後の21世紀半ば（２０５０年）には、現在の1・5倍の約90億人になるだろうと予測されている。

このような人口増加は、主に高い出生率地域におけるエイズなどの感染症や労働力不足ならびに食糧不足からくる貧困と地球の持続的可能性への不安問題を提起している。世界の人口増加問題の中にあって、この日本は人口減少に加え、少子高齢化問題に直面している。総人口の推移でみれば、年々の人口減は全体で15～20万人ペースだが、この2～3年は年15万人ほどの減少。総体でみる問題以上に問題なのは、年代別人口構造（人口構成）なのだ。

「働く人口」の15～64歳人口の減少がつづく一方、彼らが扶養介護する65歳以上高齢者人口の大幅な増加傾向の日本。15～64歳人口はこの20年で１０７０万人も減少し、65歳以上人口は１６３０万人増加している。しかも、この65歳以上人口のうち75歳以上人口が９７０万人にもなる。加えて、近い将来「働く人口」になる15歳未満人口が、この20年４２５万人も減っているのだ。

75歳以上人口の大幅増と同じく問題になるのは、65歳以上単独世帯の増加（この10年約２００万人世帯増）。なおかつ、高齢者のみの二人世帯と高齢者一人世帯は、平成27年（２０１５）現在１２５０万世帯にもなる。

介護施設のお世話にもならず、一人住まいや高齢者夫婦二人住まいに加えて超高齢者の母親と高

高齢者の運動（東川口戸塚公園）

郵便はがき

お手数ですが
切手を貼って
ご投函くださ
い。

2 5 1 - 0 0 3 5

神奈川県藤沢市
片瀬海岸 3-24-10-108
㈱湘南社 編集部行

TEL：0466-26-0068
URL：http://shonansya.com
e-mail：info@shonansya.com

ご住所	〒		
お名前	ふりがな	年齢	才
TEL			
メール アドレス	@		

1．お買い上げの書名をお書きください。

2．ご購入の動機は何ですか？（下欄にチェックをご記入ください）。

- □ 本の内容・テーマ（タイトル）に興味があった
- □ 装丁（カバー・帯）やデザインに興味があった
- □ 書評や広告、ホームページを見て（媒体：　　　　　　　　　　　）
- □ 人にすすめられて（御関係：　　　　　　　　　）
- □ その他（　　　　　　　　　　　　　　　　　　　　　　　　　　）

3．本書についてのご意見・ご感想があればお書きください。

4．今後どのような出版物をご希望になりますか？

どうもありがとうございました。

齢の娘や高齢者姉妹二人世帯などなど、〝見守りケア〟を要する人々や世帯の急増に対処しなければならない。亡くなって一週間も発見されなかった一人住まいの高齢者や二人一緒に発見されたりする亡くなった高齢の姉妹などが報道される昨今、これらの高齢者世代の方々への対策が大事だ。喫緊の課題として政策化してほしい。

3．〝多様性〟の理解と尊重が、人類共存の第一歩

（平成30年1月21日のブログより）

多様性というと、多くの人はいわゆる生物の多様性を想起するかも知れない。わたくしたち人間も生物の一種。生物多様性の環境や恩恵の中で生きている私たち人類も、多様性を有している。人類や動物たちも含め、あらゆる生物は、同じ地球環境に相互依存し恵み合って生きている。生物多様性の危機が、「生物多様性条約」（平成22年２０１０）により提示されたことは新しく、日本の〝平成〟時代にあたるのだが、生物の一種としての人間社会や国家や民族の多様性についての認識の浅さを、危機と思っている。

この世界や世の中には、いろいろな考え方や性格の人がいる。生きものや動植物や環境などにある多様性と同じく、国の姿や体制も多様で、人々の価値基準にもいろいろある。それぞれの国や国民の多様性や違いを理解し調整して、お互いを尊重し共存することが大切。この相互理解やお互いの尊重こそが、人類の知恵の第一歩なのではないかと思う。

この地球にいかに多くの民族があるかについて正確には知らないが、それぞれが、自分たちの共有する言語で会話している。約13億人が使っている中国語もあれば、4億人強が使っているスペイン語や広く多くの人々が使う英語（3～4億人）などある。これら3つの言語使用者の約21億人を

世界のなかの小さな日本

地球（表面積）全体の30％が陸地。

- 陸面積（全体140106km^2）の 0.3% が日本。
- 農地（陸の10％が耕作地）の 0.3% が日本。
- 世界人口（約65億人）の 2% が日本の人口。
- 日本の食料自給率は 40% （エネルギー・ベース）。
（40年ほど前（S45頃）は、60％だった）

小さな日本（筆者著「地球市民講座」より）

含めた上位10の言語使用者の合計は、約34〜35億人。残りの世界人口の半数ぐらいの人々が使っている言語が、これらの何倍にもなる。

多様性は、言語以上に宗教にもある。多くは、キリスト教（約23億人）やイスラム教（約16億人）。ヒンドゥー教（約9億人）や仏教（約5億人）など世界の五大宗教人口は、合わせると約53億人と世界総人口の7割を占める。これら以外の宗教もたくさんあり、合わせると10億人以上もあることを知らなければならない。このように民族や宗教などがたくさんあることは、国というか国家のカタチにもいろいろあるということだ。

世界約２００か国のうち約60％強がいわゆる

貧困や平和の偏在を是正

原因は対立	現象は偏在
・国家（国境）の対立	・富の偏在（格差）
・民族の対立	・平和（争い）の偏在
・イデオロギー（主義）の対立	・貧困の偏在
・宗教の対立	・文化の偏在
・経済（競争）の対立	・環境の偏在

※ 偏在を是正する活動概念 → 地球市民。

対立と偏在（筆者著「地球市民講座」より）

〝共和国〟だが、共和国にもいろいろある。ただ、君主がいないことだけが共通ともいえる。共和国や共産主義国と言って〝独裁国〟になっていたり、〝君主国や王国〟と言って（議会）民主主義だったりする国もある。連邦や合衆国やその他○○国を言わない国もある。立憲法治国家といっても、自由や公平（平等）の国もあれば、独裁的国家もある。

このようにいろいろある国のカタチや体制だが、それぞれを認め合い、折り合いをつけ、調整し、お互いを尊重して、協調し協力して、平和に暮らすよう努めることが大事だと思う。力には力を誇示したり、威嚇したり、非難応酬では何も生まれない。いたずらに言う〝自国第一〟主義は、ご遠慮願いたい。

4．平成時代三十年の生活環境の変化（平成30年2月16日のブログより）

平成三十年（１９８９～２０１８）の世界の総人口が、50億人（１９８９）から75億人（２０１８）へと25億人も急増（１・５倍）している中にあって、日本の人口は横這い

（1 2 4 0 0万人↓1 2 7 0 0万人）。人口横這いは、国の経済規模や成長を制約し、活気や活力のないゼロ成長や経済低迷をもたらした。

前にもふれたが、世界は急激で大幅な人口増に対する食糧問題を抱かえ、日本は人口の年代構成からくる構造問題で頭が痛い。まだ、減少局面には入っていない日本の人口（横這い）だが、総世帯数は30年前の4 0 0 0万世帯が只今5 3 6 0万世帯と大幅に増えている。しかして人口一人当たり国民所得は、年7 0 0万円前後の横這いにあるものの、一世帯当たり平均所得にしてみると30年前の平均6 5 0万円が、ただいま5 6 0万円と90万円も減っている。

この総世帯数の増加は、高齢者人口の増加に伴っている。この30年65歳以上人口が1 5 0 0万人から3 5 0 0万人へと2・3倍にも増えていることが結局、高齢者二人（夫婦）世帯や一人世帯が増え、世帯数が増えたことになっている。これらの高齢者や15歳未満の子ども人口を介護扶養することになる働く世代（15歳〜64歳）人口が、1 0 0 0万人も減少している（30％減）。働く（生産）人口の減少と介護世代（65歳以上）人口の大幅増で、国や国民の負担は、年々高まっている。

ブラックマンデーやバブルの崩壊に輪をかけて、日本の消費税がスタートした平成元年（1989）。世間は「24時間戦えますか」の一方、アッシー君とおたくやプータローの若者と渋カジや成田離婚が同居。価格破壊や就職氷河期に官官接待が新聞を賑わした。

そして三十年。アメリカの同時多発テロおよび小泉首相の北朝鮮訪問（拉致被害者5人帰国）を皮切りに、ゆとり教育や勝ち組負け組社会およびリーマンショックを経て、草食男子やファストファッション時代に入った。女子会やイクメンと少子高齢化が同居、生産年齢人口の減少と老々介護人口の増加で、国も国民も難儀する今日になった。

ひとりでは、生きられないーネットワーク社会

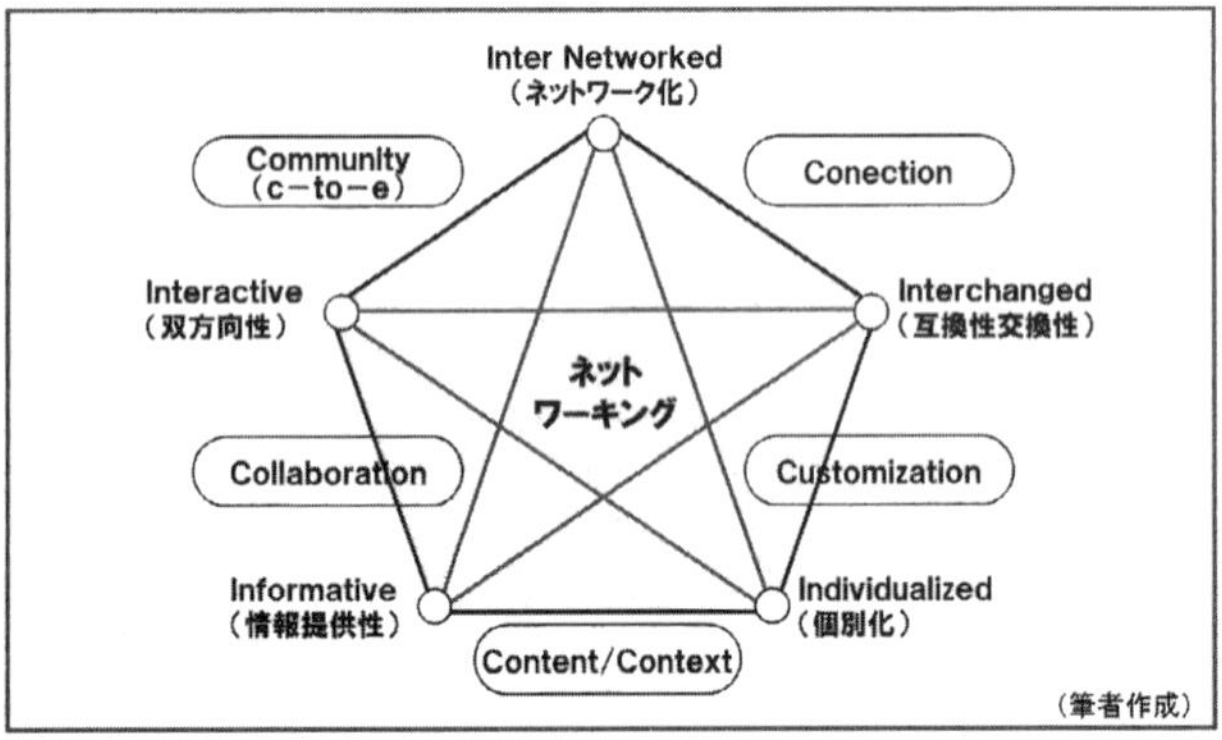

ネットワーク社会（筆者著「地球市民講座」より）

春を告げる黄花

黄色い花が、春を告げる

福寿草に先導され、蝋梅や山茱萸が黄花を輝かす

平成三十年1—3月期の日本

雪中花とも云われる水仙や雪割草が、控え目に春を知
らせる

月や太陽のずっと向うの小さな星に、春の光を届ける

平成三十年 1―3月……春の五句

子育てが評判の町松囃子《まつはやし》

残り畝数えて麦を踏む娘

難題は原発デブリ春霞む

人の居ぬ里の庵や木の芽風

沢蟹のさわぐ小川や春光る

1．世界と日本の食糧問題

（平成30年1月19日のブログより）

ただいま、世界の総人口は75億人（２０１７年）。日本の人口は1億２７００万人だから、１・７％になる。国土面積が世界全体（１３６００万㎢）の０・３％しかない日本（38万㎢）は、国民が世界平均の5～6倍という高い人口密度で居住していることになる。

世界中の海に出て漁獲している魚を別に、多くの国土（農耕地）で生産される食料、米、大麦、トウモロコシや大豆及びじゃがいもその他の芋類、果物やナッツなどのいわゆる穀物類（肉や乳製品などを除く）は、世界全体で年間約65万トン生産されているが、日本の穀物類総生産量は、１～１・5万トンほどと少ない。比率にすると、ほぼ人口割合に近く１・７％ほどである。世界の農地（含、牧草地）の０・１％ほどしかない日本は、農産穀物類を世界平均の10倍強の生産力で生産しているのだ。

とは言え、このような日本の食料生産性を喜んでばかりはいられない。

現在、日本はカロリーベースで全需要の60％の食糧（金額ベースにして35％）を外国に頼っている（輸入）。一方日本のそれとは違い、世界の人口がますます急増している状況がもたらす世界的な食糧不足化において、日本は食糧の安定的な調達をどのように確保していくのか。この国の一番の課題だといえよう。

日本の総人口は頭打ちではあるが、世界の中で最も平均寿命の長い日本（83歳／世界平均寿命71歳）は、総人口の減少以上に生産年齢人口が減少している。ますます人口増加するアジア（いま44億人）やアフリカ（いま、12億人）の人口は、2050年には世界人口97億人の80％（78億人／97億人）と、現在の75％（56億人／75億人）を5

棚田風景（新潟）

ポイントも増大する。

現在年約6000万トンの食糧輸入国の日本であるが、一方で年約2000万トンの食糧を廃棄（食品ロス）している。何とも無駄無策の日本は、日々年々総生産調達食糧の1割ほどを捨てているのだ。国民一人当たり年150kgの日本の食料廃棄量は、アメリカ（平均100kg）などの1・5倍。一段と大事にしたい日本の食料なのだ。

大豆畑（北海道）

2．問題は日本の食品ロス—例えば、大量廃棄のコンビニ恵方巻き

（平成30年2月7日のブログより）

日本は、食料需要の60％（カロリーベース）を外国に頼って（輸入）いる。年間５８００万トンの食糧を輸入しているにもかかわらず、その34％にも相当する１９５０万トンの食品を廃棄している。赤ちゃんからお年寄りまでのすべての国民一人当たりにすると、平均年１５０kgの食べものを廃棄している。欧米諸国の一人当たり約１００kgに比べると、１・5倍にもなる。

農産物や畜産物を生産する農地や国土が、世界全体のわずか0・3％弱しかない日本に、世界人口の２％近くの人々が住んでいる。食料の多くを輸入しているのは当然といえば当然だが、このように莫大な食品ロス（廃棄）をしている生活は、改められなければならない。一粒の米でさえ大切にして暮らしてきた日本人のモッタイナイ精神が問われている。

年が新しくなってのこの2月初旬（2／1〜2／4）に報道されたコンビニ恵方巻きの大量廃棄問題は、ことしに限った問題ではない。そもそもあのように太く長く噛み切れない海苔で

巻かれた〝おいしい〟料理とも言えそうもない食べものが、一時的とはいえ〝はやった〟現象が理解できない。関西のほうからはやったとか、ファミリーマートかセブンイレブンか知らないがコンビニエンスストアの商魂がつくった市場現象だとか言われるが、定かではない。

世の中の食糧問題や食品ロスなどに気が回らない小売り商人たちの手前勝手が、需要創造などという狭い論理を引っ提げて作った現象と捨て置くわけにもいくまい。人々の嗜好や需要を環境や道徳などとの調和調整を考慮して予測する能力のないコンビニやスーパーがただ毎年、前年実績＋α販売目標を積み上げて行動して出来た今日の問題を、消費者の嗜好やサイフの変

恵方巻き

化などにすり替えてほしくない。

あのように食べものらしくない長い太巻きを、その年の恵方に向かって食べろなどという不謹慎な店長や経営者は、〝自分がそうしろ！〟と言われよう。コンビニやスーパーなどの経営者諸氏の良識や商人精神の復活を願う。食品ロスの大幅削減こそ、日本の喫緊の課題だと云えよう。

3．平成30年（節分）――春を告げる花々（平成30年2月4日のブログより）

春を告げる花というと、水仙（雪中花）や雪割草や節分草といった花と真っ白な雪の景色に映える（画題）という雪中四友（水仙、蝋梅、梅花、山茶花）の花々が想起される。カタクリ（片栗）やスズラン（鈴蘭）などは、春真っ只中の花のようだが、正月新春を寿ぐあの黄金色の福寿草こそ春を告げる花の代表かも知れない。

福を招く長寿草とも言われる福寿草は、元日草や朔日草（ツイタチソウ）や正月花などとも云われる。年明けから松の内ごろまで飾り付けされるのだが、結構長く咲く花で、終うにはモッタイナイということで、近年は鉢植えの福寿草を飾るようだ。福寿草以外、草花で黄色や黄金色を演出する花は少ない。黄色や黄金色に咲く花といえば、木花が多い。

代表は、ロウバイ（蝋梅）とサンシュユ（山茱萸）やマンサク（満作）。

落葉低木のこれらの木花は、多くの公園や民家の庭先などに植栽されているが、自然の山々にもみられる。サンシュユは春黄金花ともいわれるが、夏秋になると赤い実をつける

蝋梅

ヤマグミの一種で、薬草でもある。蝋梅には白い花もあるが多くは、真っ黄色に光咲く香りの高い花を咲かす。黄金色の希望的な花をつけて春を告げる花といえよう。

このように明るさや希望を告げてくれる黄色い花とは対照的に、控えめに落ち着いた雰囲気で春を知らせてくれるうす紫系の草花もかわいい。雪割草やカタクリ（片栗草）や節分草など、皆うす紫に群生して咲く。多くが冷たい冬を球根や塊茎などで凌ぎ、春の兆しを待って陽射しを得て、春の訪れを告げるように咲く。

四季それぞれに季節を告げて咲く花はあるが、春を知らせる花々は、希望的で明るく、かわいい。

サンシュユ

4．まだまだ知らない小さな生きもの――ヒメアカタテハの渡り

（平成30年 3月27日のブログより）

われわれ人間にとっても、寒さを凌ぐことはとっても大事。大きな動物でも小さな動物や生きものでも、越冬は生きる術だ。寒冷地域から温帯地域に移動し越冬する動物たちもいれば、食べものや出産などのために北方から南方地域に移動する陸や海の生きものもいる。中には、捕食する天敵から逃げるために移動習性を身につけた生きものもいる。

3月24日のＮＨＫテレビ「地球ドラマチック」で知ったモロッコに生育するヒメアカタテハの移動渡り習性は、驚愕。あの1グラム3～4㎝ほどの小さな成虫で一日160㎞も飛翔移動するのだ。3月ごろモロッコから地中海を越え、スペイン、フランスへ渡りイギリスに4月5月ごろ渡り、またモロッコに戻り渡りするのだという。

実に地球4万㎞の北半球の半分の数千㎞から1万㎞の渡りになるヒメアカタテハ（成虫）の寿命は、3週間ほどだから、一匹の成虫ヒメアカタテハが群れてモロッコからイギリスにダイ

レクト飛翔移動するわけではない。途中、スペインやフランスで繁殖や食生活したりしつつ、群れて北上渡りをするのだ。

このように大移動渡りをするチョウもあれば、フランスや日本など国内で移動するものやその地で幼虫として移動せず越冬するものもいる。その地で成虫で越冬する珍しいチョウもいる。日本に多く居て、渡り飛翔するチョウの筆頭は、アサギマダラ。国内でも一ヵ月500㎞から長いときは1000㎞も移動飛翔する。近くは、群馬県の赤城自然公園で標識されたアサギマダラが、一ヵ月後長野、東海を越え徳島県鳴門市で再捕獲されている。実に一ヵ月480㎞の渡り移動をしていることになろう。

ヒメアカタテハ

それにしても、何故このように小さな体躯のチョウ（ヒメアカタテハ）が、モロッコから北へ北へと大移動飛翔するのだろうか。北へ北への方向をどのように感知コントロールしているのか。太陽（光）など以外、何か感知できる標識があるのだろうか。体内に何か時計や外の環境などを感知できる機能を持っているのだろうか。

人間自身についてさえ、まだまだ知らないことばかりだが、大きな動物や小さな生きものについても、まだまだ知らないことが多い。チョウだけをとっても、このヒメアカタテハやアサギマダラ以外アゲハチョウ、シジミチョウやモンシロチョウなど多種あり、それぞれの特徴や特性を全部知っているわけではない。まだまだ、知らない生きも

アサギマダラ

のや地球なのだ。

春から夏は、木花

春は、木花。初夏も木花。さくら（桜）やコブシ

（辛夷）が、青空に花枝を　広げる

平成三十年4—6月期の日本

子供たちの声に、ソメイヨシノや山桜が笑顔する

500㎞も渡り飛翔してきたアサギマダラが、藤

袴に休む

なつ

平成三十年 4ー6月……夏の五句

囀りに問いかける母介護園

捨《すて》田畑《たはた》後継ぎも無し八重葎《むぐら》

しずけさを破る羽音や黄金虫

燕来て土日農家の朝早し

雨上がり湖面に一鵜桜桃忌

1. 虚偽、不正、隠蔽スキャンダルは、10年サイクルか

（平成30年4月26日のブログより）

ちょうど10年前、郵政解散による小泉チルドレンと郵政事業民営化を土産に小泉総理を継いだ（2006）安倍首相（1次）が参院選大敗を喫して辞意(2007)。後継の福田&麻生短命内閣も、リーマンショックや年越し派遣村（2008）の風をうけて、自民党政権にかわって民主党政権が誕生（2009）した。

この時期も耐震偽装やライブドアの証券取引法違反事件や村上ファンド事件および政治家の事務所費問題などあった。厚労省村木局長（無罪）逮

箱根駅伝（常盤橋付近）

捕用ＦＤデータの改ざん（大阪特捜部）などもあり、虚偽不正スキャンダルが目立った。村上ファンドや日興コーディアル証券および緑資源機構並びに年金台帳の突合と厚労省の虚偽偽善が重なり、この年（２００７）の漢字が〝偽〟となった。

あれから10年、昨２０１７年のことしの漢字は〝北〟だったが、ユーキャンの流行語大賞は、インスタ映えと忖度。北朝鮮問題や九州北部豪雨や北海道じゃがいも不作などを別にすると、〝北〟には結構ポジティブなイメージもみえる。北海道日ハム出の大谷翔平や日ハム入りの清宮幸太郎とキタ（北）サンブラックや北見工業の〝そだねー〟（カーリング）など。

考える人（国立西洋美術館）

２０１７～２０１８年の安倍晋三内閣はといえば、総理自身森友（公文書書き換え）問題や加計（獣医学部特区新設）問題の火中にある。加えて民間経済界における粉飾、虚偽、不正表示とその隠蔽スキャンダルが多い。スルガ銀行の不正融資、化血研の不正製剤隠蔽、三菱マテリアルの品質(不正虚偽表示やＫＹＢ（免震データ不正）と東芝（虚偽記載）などがあり、ファイナルは日産ゴーン会長の逮捕＆日産（企業）のガバナンスやコンプライアンス問題だ。

このところの米国トランプ大統領の自国ファーストやフェイクニュースに加えて、この国の厚生労働省、財務省や内閣府の虚偽、隠蔽や改ざんと忖度スキャンダルに、10年サイクルで食傷する。

２．同期生の世界のリーダーたち——皆さん、自国（自分）第一の何故？

（平成30年6月8日のブログより）

ただいま、戦後10年１９５５年あたりに生まれた方々が、国をリードしている。世界のリーダーたちも同じ。〝もはや戦後ではない〟などといわれた1955年ごろの日本が、現在の姿のオリジンだったからか、いま内閣で活躍されている方々は、安倍晋三首相をはじめ皆さんほぼ同期生。55年体制の出来上がりと国連加盟が、昭和30〜31年だったからか。

不思議にも、世界に目を向けてもこの年代の方々が、21世紀に入った世界をリードしている。概ねの年代をみても、安倍首相の64歳。ロシアのプーチン大統領65歳、トルコのエルドアン大統領64歳、インドのモディ首相67歳など皆さん、60代半ば。自分押し出しと自国第一がより強烈なアメリカのトランプ大統領（71歳）やフィリピンのドウテルテ大統領（73歳）は、少し上だ。

お生れや成年期の時代が、経済成長期や国情安定期だっ

G７首脳ら

たからか、皆さん自己が確立されていらっしゃるようで、リーダーシップがつよい。
日本のリーダーたちの生まれた時代の日本。その後の政治を方向づけした55年体制が形成され、保守の安定とチェックの野党が自由民主党と社会党を中心に出来た。世の中はトランジスターラジオや小型乗用車と三種の神器で、その後の経済成長を約束した。

それにしてもこの方々、同じころの生れとも少々異にする同期性をお持ちのようだ。みなさん、自己中心的で自国第一をあからさまに出して政権や国をリードしている。突出するトランプ大統領、トルコのエルドアンやフィリピンのドウテルテ大統領に加え、インドのモディ首相やロシアのプーチン大統領たちに日本の安倍首相などを並べると、これらの方々の施政やリーダーシップの酷似性に驚くだろう。

少し、同じく国を思う周りの方々や目の届かない人々を見渡してほしい。国や政治に忘れられている人々に目を向ける努力をしてほしい。

3．春は花―大きな木花を愛でる

（平成30年6月1日 のブログより）

四季を暮らす日本。春は花。チューリップやゼラニュウムなどの庭花もいいが、すみれやタンポポのような野の草花もいい。日本の春を代表するような梅や桃や桜の花のような木花もいい。サクラといえば、染井吉野。ヤマザクラやオオシマザクラなど４００種とも原種にして20種とも云われるサクラ（さくら）の品種だが、私たちが愛でるサクラはやはりソメイヨシノ（染井吉野）。

ヨシノ（吉野）といっても、あの吉野山の原種や吉野出の桜の交配種でもない。江戸（東京）は、いまの駒込あたりの染井村の発出品種らしい。生

桜ソメイヨシノ

まれはハテナだが、染井村の植木屋さんが売り出したサクラ（桜木）が、広まったという。毎年のことだが、千鳥ヶ淵や上野公園のサクラほど、春の花見を賑わす桜花はない。1～2週間の桜花が終わると、つぎは辛夷（コブシ）の花。

かわいい真っ白な小花を咲かす木花。何故辛夷（コブシ）と書くのか知らない。うすく甘い香りを漂わせる。ときどき街路樹にもなる低木だが、大きく青空を隠すくらい一杯の白い花を広げる大木の辛夷もある。遠目には白木蓮と見間違う街路樹辛夷は、ハナミズキやサルスベリと競う。日本より贈られたサクラ（桜木）の返礼としてアメリカより贈られたハナミズキ。淡いアカや真っ白な花をつける。秋には、紅葉のあと赤い木の実を沢

大辛夷

山つける。

別名アメリカヤマボウシなどともいわれるハナミズキ（花水木）。一青窈の「ハナミズキ」（マシコタツロウ作曲）では、空を押し上げて手を伸ばす五月に咲く。薄紅色と唄われるが、白や薄くないアカもある。サクラ（桜花）なども含め多くの木花や草花は、長く経年するうちに、いろいろ（自然）交配などがあり、種属を増やすという。真っ白や真っ赤だったりした花にも、ピンクやうす紫の子孫や仲間ができる。

サクラやコブシなどに隠れて春の花王になる花は、キリ（桐）。中国では高尚や神木と言われるほどだが、日本でも平安の枕草子などで謳われ、

ハナミズキ

親しまれたうす紫のラッパ房花だ。

4．獣害防止電気牧柵ものがたり（平成30年5月29日 のブログより）

中山間地の農業が衰退しつつある。この半世紀、農家農業の跡継ぎが減っている。整地区画整備の遅れが、農業の生産性や付加価値率を落としている。小さな区画されていない棚田には、トラクターや耕運機などが入らない。付加価値率が低く３Ｋの典型的農業の農家を引き継ぐ子どもがいない。このような問題に輪をかけた里山からの獣害問題。いままで出て来なかった山の獣が、山から里や麓の田畑に下りて来る。棚田の畔道や山里の春の草花まで、食べ荒らす。

新緑が目にまぶしくなる頃の農道や棚田の畦道。道脇に咲く春の野の花がかわいい。スミレや花ダイコンのようなうす紫の花もいいが、タンポポや山吹のような黄色も元気をくれる。スミレと言えば、最近のはやりスミレは、すみれではない。多くがパンジーのようだ。野に咲くスミレにはたくさんの種類があるという。ヒカゲスミレ、ニオイスミレ、ノジスミレなど、５～60種類もあるというから驚く。

この山里の田畑や無人家の庭を襲撃するイノシシ。田畑農道や家々の庭の芝などを、その鼻で掘り返すイノシシ。根菜や植物の根を食すのか、地中の何かに興味があるのか知らない。さらなる獣害は、収穫間近になってきた稲を襲うことだ。山に食べるものが無くなってきたからなのか、住む環境が悪くなってきたからなのか知らない。何をやっても防御出来ない。仕方なくの獣害防御の電気牧柵なのだ。

市役所あたりからの補助もあって、一斉に電気牧柵を張り巡らしたのは、あの東北大地震災害と福島原発事故のあった翌年。放射能影響で山の猪や鹿を獲って食すことが禁止され、山の獣が里に

電気牧柵（常陸太田市、棚田）

まで出てきたことが引き金になった。この電気牧柵、獣を除けることに加え、人も除ける。野山の景色や空気を求め散策する人々にも、危害や不快をもたらす。

山のイノシシやシカやクマなどやその他の害獣が減る気配はない。棚田を巡らす電気牧柵が取り払われる時期も来なさそうだ。美しい棚田の景色や環境が戻ることもなさそうだ。残念でならない。

電気牧柵（常陸太田市、棚田）

夏から秋は、北海道のラベンダー
ラベンダーの紫のグラデーションが、夏の汗を鎮める
ラベンダーやルピナスが、富良野や美瑛に人々を呼ぶ

平成三十年7—9月期の日本

じゃがいも畑やハスカップ畑も、観光を助ける
真夏から二百十日の日本は、自然災害列島に変わる

平成三十年7—9月……秋の五句

真夏日や引越し手伝い孫の守り

核禁止遠くになりぬ長崎忌

秋茄子の一夜漬け喰ふ一人食み《はみ》

えぞ梅雨やハスカップ実の青の濃く

青い空稲架《おだが》掛けの先赤蜻蛉

1．自然災害列島日本―平成30年7月の西日本豪雨災害

（平成30年7月19日 のブログより）

9月26日は台風記念日、9月1日は関東大震災の日にちなんでの防災の日。だが、あの2011年の東日本大震災は3月11日に起った。一年中、地震、豪雨、台風などの自然災害が起こる日本。2018年も同じ。年末に発表された平成三十年（2018）の〝ことしの漢字〟は、「災」。

平成三十年（2018）の7月は、連日の豪雨災害。6月28日から7月5日にかけては、北九州、山口から愛媛県の大洲市や西予市、宇和島から西日本にかけて肱川ダム決壊などの大豪雨災害。前年（2017）の

西日本豪雨

福岡県朝倉市、佐賀県鳥栖市、大分県日田市あたりの豪雨被災に重なる。

平成三十年（２０１８）７月５日から７月11日あたりにかけての西日本大豪雨災害。北九州から山口、広島、岡山、鳥取から兵庫、大阪、京都から岐阜あたりまで広がる。特に災害規模が大きかった岡山は、倉敷市真備町。河川決壊もあり真備町全域全戸が浸水。約８０００戸、10日間の断水被災の災難だった。

広島、岡山を中心に西日本14府県域の被災規模は、死者約２３０人、住宅被害約３５０００戸、農業などの被害総額約２５００億円。断水停電の被災、ともに20～25万戸だったという。２０１４年の広島安佐地域の土砂災害の復旧も途中だというのに、呉市や真備町

広島豪雨

地区の甚大な土砂、瓦礫、泥土の撤去や復旧も進まない。

現在の地球温暖化や地球環境の悪化を思えば、また明日の今回同様の災害や今回以上の自然災害が起こらないという保証はない。国や自治体のハザードマップの修正、更新や避難場所や施設の改善、整備および防災や避難の行動基準と警報や指示連絡の仕方などの再検討、再整備が必要になる。それに加え、河川堤防や防災ダムの点検補強と整備基準の作成などと、道路、水道、森林、河川の保水力や耐震力および市民生活インフラの点検整備などを考えれば、することが多すぎるかも知れない。

2. 毎年襲来し災害をもたらす台風（平成30年 8月28日 のブログより）

平成三十年（2018）7月の岡山県真備町地域豪雨災害の被災規模が大きくなったのは、追い打ちするように襲来した台風21号による大雨。地震や豪雨災害と同期し増幅する台風災害だが、毎年発生し襲来上陸する台風は、数・規模ともに少なくない。

毎年8月9月とその前後に日本に上陸する台風は、だいたい発生数の10分の1ほど。この10年、年間20〜30個ほど発生する台風は、ある部分はインドネシアやフィリピンあたりへ、あるものは台湾や中国南部に、あるものは沖縄から中国北部や朝鮮半島に向かうが、日本列島太平洋側や列島に上陸するものは、毎年3〜6個ほど。

台風の発生数や日本への上陸数が多い8月（２０１８）の台風発生数は7個。8月までの発生数21個に9月10月の発生数を加えたことし（２０１８）の台風発生数は29個。昨年より2個、おととしより3個多い。２０１３年の31個を別にすると、台風の発生は年々増えている。うち、日本を襲来上陸する台風は、毎年（平均）４〜5個と変らない。

豪雨

われら稲作農耕民族の日本。厄介なのは、台風災害。昔から農耕の三大厄日は、八朔（旧暦8月1日）と二百十日と二百二十日。新暦でいうと、八朔は8月25日から9月25日頃で巾がある。この期間に、二百十日や二百二十日が重なったあたりが厄日で、とくに稲作農作する人々にとってお天気が敏感になる。この時期、台風がよく襲来する。

それにしても、熱暑と台風豪雨の多い今年平成三十年（２０１８）。地球温暖化のせいだとか、ラニーニャや太平洋の海面温度の高まりによるとかいう。台風的太平洋高気圧と低気圧や寒冷前線との挟み打ちだとか、偏西風の蛇行の変化だとか いろいろ言われる。地球環境の大きな崩れや温暖化などのようだが、国際協調しての対策が遅れている。

豪雨瓦礫

3．夏の花は北海道ということで、富良野美瑛の花々めぐり

（平成30年 7月7日 のブログより）

平成三十年（２０１８）７月上旬（３日）は、旭川空港よりバスで富良野方面に向かう。出発の東京はとっくに梅雨明けだというのに、北海道旭川はいわゆる蝦夷梅雨。富良野に向かうバスの両サイドは、片や真っ白に咲くヒメジオン、片やじゃがいもの白紫の花。北海道ガーデンのはしりの上野ファームに着く。

早速の素朴さと美しさの華やかな花が調和する、ガーデンノームが住まうという上野ファームガーデンに入る。雨も小降りになったガーデンで

上野ファーム

上野ファーム

は、ルピナス、サルビア、エキナセアやクガイソウなど。パープルウォークやノームの散歩道などに沿って歩く。香りとともに、花々を愛でる。つぎは、うわさの風のガーデン。

エキナセア、カンパニュラやルピナスなどのメインガーデンからサンゴミズキの路や野の花の散歩道を花々を観賞しながら、グリーンハウスに戻る。翌朝は、上富良野のフラワーランド。ラベンダー畑を眺めながらの朝食。サルビアやアイスランドポピーに、目を休める。ゆっくりの朝食のあと、花人街道から美瑛に向かう。

美瑛駅やその周辺の三角屋根の商店や美瑛の街を散策した後、再びの花人街道を四季彩の丘に。

クガイソウ

蝦夷梅雨に青（ブルー）をとられた青い池から昔のテレビCM（日産）のケンとメリーの一本木を見て、四季彩の丘を越えてファーム富田に向かう。

うす紫絨毯のラベンダー畑の間々に、彩の畑や花人の畑と花人の舎などが配された花々いっぱいのファームガーデン。ハスカップ畑などに立ち寄り、平成三十年7月6日バスで旭川空港に向かう。

フラワーランド（富良野）

4. 食草いろいろの蝶たちの食事生活

（平成30年 10月7日 のブログより）

人や動物や小さな虫や蝶など、生きものはすべて何かを食べて生きる。ゾウやライオンなど大きな動物は大きな食べものを、虫や蝶など小さな虫類は、小さな食べものを食べて生きる。生きものはその種類や個体により、動物性の食べものを食べたり、植物性の食べものを食べたり、動植物の種類を分けて食べたりする。生きものそれぞれで、異なる。

世界中どこに行っても見られる蝶類も同じ。青虫や毛虫などの幼虫時代と蝶になった成虫時代で、食べるものが異なる蝶もいるが、多くは

チョウ

ずっと同じ種類の食草を食べる。多くの蝶類は、蝶の種類ごとに、決まった食草を食べつづける。ミカンなどの柑橘類を食草にする蝶とアブラナ類を食草にするものなど、蝶の種類で異なる。

アフリカや赤道近くの暖かい地域で越冬し、寒い北極近くの北欧まで太陽や気候の移りに合わせ、移動渡り飛翔するヒメアカタテハや概ね日本など北半球で移動渡りをして暮らすアサギマダラなど、移動渡りする蝶の食草の種類範囲は広い。

ヒメアカタテハは、アザミやタンポポやキク科の食草を食べるが、アサギマダラは幼虫のときはサクラランやキジョランなどガガイモ科の食草を食べるが、成虫（蝶）になるとフジバカマやヒヨドリバナやスナビキソウなど、渡り移動した地域

アサギマダラ

で食草を変える。

アゲハチョウ類の多くは、ミカンなど柑橘類を食草にする。ナミアゲハ、クロアゲハ、カラスアゲハなどは、カラタチやサンショウの葉を食するが、キアゲハだけは人参やパセリなどのセリ科を食草にする。

キャベツなどアブラナ科を食草にするモンシロチョウやコナラなどブナ科やマメ科の葉を食草にするシジミチョウもいるが、ときどき路傍のカタバミの周りをドラミングするヤマトシジミや、クスノキの周りを飛ぶアオスジアゲハなどをみる。

人も蝶も、種類や個体により食べる食べものが異なる。食べる生きものや食べられるものの多様

カラスアゲハ

性こそが、生きものと地球の共存なのだと思う。

冬は、赤い木の実が花

秋はもみじ、冬は赤い木の実が花

家々の庭先の千両や南天や梅擬きなどの赤い実

平成三十年10—12月期の日本

七竈や山牛蒡や飯桐なども赤い実をたわわにする

地球の環境や気候変動の対策に傍観する先進国も

多い

平成三十年10―12月……冬の五句

秋深し尾瀬の木道を歩荷かな

日米の蜜月あやし冬構え

豪雪や地方創生視界ゼロ

冬ざれや棚田の脇の添水跡

飯桐の実の真っ赤なり池の茶屋

1．在留外国人たちを支援する抜本施策を

（平成30年10月9日 のブログより）

昔から、文化や暮らしの交流が多い中国や韓国・朝鮮の方々の在留居住が際立って多いのは当然の歴史だが、在留外国人トータル約２８０万人のうち、中国人85万人、韓国・朝鮮人55万人で合わせて１４０万人。実に日本に在留居住する外国人の半数50％を占める。

全体の人口としては大きくはないが、どこか小さな町や地域に一つの国の方々が集まって居住すると、その街の色合いや雰囲気を変える。

横浜中華街や新大久保のコリアンタウンなど以上に、その街や地域の色合いを変えることがある。ブラジルの色合いを濃くする群馬県大泉町のブラジルタウ

横浜中華街

ン（リトルブラジル）。ハラールフーズのグルメ食の色合いをつよくした埼玉県八潮市のパキスタン人居住地域（ヤシオスタン）など。

在留外国人最大の中国人は、東京都に96000人、神奈川県、埼玉県、千葉県それぞれに3万人前後で3県計93000人と、首都圏域に20万人近く集中居住している。二番めに多い韓国・朝鮮人は、大阪府に9万人、兵庫県に4万人、京都府に2・5万人など3府県合計で15・5万人と、関西圏に多く居住している。中国人も韓国・朝鮮人も、日本全国に広がって在留居住している。

最近とみに外国人の町として有名な群馬県大泉町のブラジルタウン。

中華街

富士重工の自動車工場で働く人々がブラジルより就労移住したのが始まりだと聞く。ロボットやオートメーション化が著しい自動車組み立て工場から、家電、家具雑貨、食品など巾広い工場で働くようになっている。しかし、トータルとして働く場が少なくなっている今は、就活もままならず今では、ブラジル人向けの生活保護費のシェアアップで、大泉町の財政は苦しい。

同じような現象は、埼玉県八潮市のヤシオスタンにもみられる。もともと、ペルーやチリなどに出て中古車販売網を築いたパキスタンの人たちだが、日本人のクルマ買い替え期間の短さや、日本車の品質の高さと日本の中古車販売網のゆたかさに魅かれ、日本拠点の中古車販売でのボリュームを求め、八潮市に集中居住した結果がヤシオスタンだった。

ヤシオスタン街

いつの間にか景気が冷え込み、ヤシオの低家賃やアクセス利点の益を稼げる中古車販売も下火化し、ヤシオスタンの明日も心細くなった。大泉町のブラジリアンも八潮市のヤシオスタンも、これからの展望模索に悩む。町や市や国も同じ。

2. ふるさと納税は、制度を廃止するのが解決！

（平成30年10月19日 のブログより）

ふるさと納税が始まって10年。初年度の（利用）納税者は、全国合計約5万人で約100億円だったと記憶している。ただいま平成30年（2018）、前年の実績は130万人、総利用額2500億円になっている。10年で25～26倍に普及利用拡大している。

産業や税収の少ない地方自治体の財政に大きく寄与した

根室市（返礼品の例）

ふるさと納税。その果実が得られたところと得られないところに分かれた。自治体間の競争で、加熱する返礼品。寄付額の30％制約や指導は無視され、40〜60％ほどまでの増額返礼品なども出ている。地方産業振興を謳ってセットされた地場産品の返礼品の範囲が広がった。その自治体とは全く関係のない家電品や、姉妹市町だという産品まで拡大された返礼品の線引きが課題になった。

「返礼品30％制約の根拠を示せ」「地場産品が、米ぐらいしかない市や町の立場を考えろ」とか「何を基準に、地場産品というのかそうでないのかを決めるのか」など大騒ぎ。総務省あたりが、どのように規制したり指導しても、ふるさと納税制度があるかぎり、言うことは聞かない、と反発する地方自治体もある。

長野県小谷村（返礼品の例）

東京一極集中は、人口だけではない。産業や経済及び所得など税収ベースが、一極というか大都市部に偏重している。いまの地方交付税では、解決できそうもない。何もかも小さく少ない地方自治体への財政格差をどうしてくれるのだと地方がいう。地方創生では間に合わないからのふるさと納税の制度や活用ではないのかという。

ちょいワルの制度利用や活用は、地方活発化の源だろうと引き下がる気配もない。解決の方向は、かようなふるさと納税という制度そのものを廃止することではないだろうか。まったく別の方法や制度をもって、地方を支援する施策を考えてほしい。

宮崎県高鍋町（返礼品の例）

3. 海が熱い、陸が暑い、日本も地球も熱い（平成30年10月12日 のブログより）

この夏の海面や海水の熱さは、異常だ。日本列島の太平洋岸に沿って蛇行する黒潮が暑いのか、大蛇行が熱くするのかは知らない。大蛇行で大きく離岸する東海沿いも大変暑かった２０１８年。大蛇行を大地震の予兆だなどというナマズもいるが、心して暮らしたい。

それにしてもこの１００年、南太平洋の海面温度の上昇は高く、平均温度で０・５度もアップしている。この傾向は、２０００年に入ってからも続き、この夏秋の日本列島南岸の太平洋の海面温度は、ずっと25～30度レベルにある。エルニーニョ

青い池（十勝）

やラニーニャ現象と言って傍観もできない。トランプが地球温暖化対策に関わる国際ルール「パリ協定」を脱却したからかも知れない。

おりしも、地球の気候変動対策として二酸化炭素の排出量に応じて課税する「炭素税」の提唱者ウィリアム・ノードハウス氏（米国エール大教授）が、ノーベル経済学賞を受賞した。二酸化炭素の排出量が地球に与えるであろう影響の議論や研究は、いまや世界共通の良識だ。

２０３０年や２０５０年、すでに自分たちの孫子の時代だが、地球温暖化が産業革命前より１・５～２・０度も上昇したり、地球の海面が１メートル近くも上昇するであろうと聞くに、いま各国の温

東胆振地震

室効果ガスの排出削減は、喫緊の課題だといえよう。

4．冬は、赤い木の実が花

（平成30年11月26日 のブログより）

晩秋から冬にかけての山々は、落葉した広葉樹と針葉樹などの常緑樹が混じる。灌木や庭木も同じ。そのような冬の木々の合間にのぞく赤い木の実がかわいい。絵になる。

赤い実をつける木々は多い。イイギリ（飯桐）やクロガネモチ（黒鉄黐）のような高木もあるが、よく家々の近くで見る南天や梅擬きなどの多くは中低木。常緑の千両や万両などの実もアカだが、

イイギリの赤い実

低くて灌木扱いにもならない。

ついこの間、上野は国立科学博物館に行った。帰りがけ西郷隆盛像に足を延ばした。近くの清水観音堂と西郷像の間にある自販機横に大きなクロガネモチ（黒鉄黐）を見つけた。緑の中に、ふさふさと見事な赤い実をつけている。モチノキ科代表のクロガネモチは、苦労なくして金持ちになる縁起のいい木だと聞く。

木々が赤い実をつけるのは、小鳥たちの視認よろしく食べてもらい、その種を散布してほしいからだという。わたくしたちの口には食べられない赤い木の実も多い。ヤマゴボウやヒョウタンボクや南天の実などがその代表。

クロガネモチ木の実（上野公園）

上野でみたクロガネモチやハナミズキの実とイチイやナナカマドなどの実は、無理すれば口にできそうだが、「食べられる」とは言えない。小鳥たちの嗜好は、聞いていない。

とくに常緑高木の仲間になるモチノキやモッコクやクロガネモチなどは、家々の観賞庭木として多く植栽されているが、サンシュユやソヨゴなどもある。低木のゆすら梅やヒイラギや梅擬きなどの庭木も多い。

これらの木々は、すべて冬に小さな赤い実をつける。春夏の花々や秋の紅葉のあとの花々のかわりの赤い実だ。緑葉につける赤い実も落葉木にみせる赤い実も、どちらもかわいい。美しい。

赤い実たわわ（石神井公園）

5. ことし（平成三十年／2018）の漢字は「災」

（平成30年12月13日 のブログより）

京都清水寺の管主の大きな筆が、災（わざわい）と書いた。ことしの漢字（漢字検定協会発）は、多くのタレンテッドな人々の予想を裏切って「災」になった。テレビなどで、多くのコメンテーターたちが予想した〝平〟や〝終〟や〝金〟ではなかった。ことしで平成も終わる。平成のヒーローは大谷翔平、自国ファーストやテロとは別れて平和になってほしいと、〝平〟を推す人が多かった。

しかるに、よく平成三十年を戻ってみるに、2018年の日本は確かに〝災い〟が多かった。

春の桜花

台風豪雨や異常な酷暑や大きな地震などの自然災害が多かった。6月、7月の大阪北部地震や西日本豪雨災害と、9月に全国各地を襲った台風21号や北海道東胆振地震など、日本列島は各地で大きな自然災害を被った。

加えて、世間には通り魔的な殺傷事件や大学の体育会などでのパワハラや医学部大学などの不正入試など、女性被災事件も多かった。

このような平成三十年（2018）だが、ユーキャンのことしの流行語大賞は、あの平昌オリンピックでのロコ・ソラーレ北見女子たちの「そだねー」だった。心地よい響きの「そだねー」と、ことしの漢字「災」のような年は、平成三十年（2018）が初めてではない。2004年の今

秋の紅葉

年の漢字も「災」だった。そして、その年の流行語大賞（ユーキャン）は、「チョー気持ちいい」（北島康介）だった。

２００４年も自然災害が多い年であった。５月や９月の房総沖や紀伊半島沖の地震、そして10月のあの新潟中越地震や、11月の釧路沖地震があった。

小泉首相の北朝鮮訪問と５人の拉致被害者の帰国や、全国的に拡がった鳥インフルエンザや世間の〝勝ち組負け組〟など、あまりいい記憶は少ない。ダイエーの売却なども、この年だった。

２００４年と２０１８年のちょうど中位の年の２０１１年は、あの３・11の東日本大震災と福島

冬に耐える巨古木

原発事故のあった年だ。この年の漢字は「絆」。流行語大賞は「なでしこジャパン」。2004年、2011年、2018年は、ちょうど7年サイクルになる。

―あとがき―

あっという間に過ぎたような平成時代の三十年。この間、今年の漢字（漢字検定協会）に二度も登場した「災」（さい、わざわい）。２００４年の災の前は「崩」（ほう、くずれる）で、その後は「倒」（とう、たおれる）。平成の三十年は、必ずしも平和や平穏と総括出来ないのかも知れない。

平成に入るまでの戦後の昭和は、復旧・復興・発展・成長の四十年。激動の時代だった。そして、今にもはじけそうになったバブル（経済）を受けてスタートした平成。「24時間戦えますか」と叫ぶも、ブラックマンデーやバブルの崩壊に消費税や価格破壊、金融崩壊が世の中を変えた。

成長や活気が後退した平成の三十年。世の中は、虚偽、不正、隠蔽などがはびこり、列島は地震や豪雨などの自然災害に苦戦した。この踊り場的な平成の三十年をざっと総括し、平成終わりの年の平成三十年をまとめてメモリー本にしておきたいと、師友谷内田氏に相談した。賛同とカバーや中扉絵などの協力を得たので、早速自分のブログからまとめに使えそうな記事を検索、コンテンツを構成、原稿書きに入った。

約二週間ほどでまとめた原稿の初校が届く少し前、政府が五月一日より改元される新元号「令和」を発表した。歴史上初めて国書『万葉集』を典拠にした元号だという。「初春の〝令〟月にして気淑く風〝和〟ぎ、梅は鏡前の粉を抜き、蘭は珮後の香を薫らす」の令和だという。寒い冬を耐え、春の訪れを知らせる梅のごとく、新しい時代が希望的な世の中であってほしいと願っている。

いつものとおりだが、表紙や中扉絵をコンテンツにあわせて画いてくださった師友谷内田孝画伯と、早速の編集や出版の労をとってくれた湘南社社長の田中康俊氏に感謝します。ご購読、ありがとうございました。

令和元年5月14日　　筆者　吉澤兄一

●著者プロフィール

吉澤兄一　よしざわけいいち

1942年神奈川県生まれ
東京都板橋区在住
茨城県立太田第一高等学校
早稲田大学政経学部卒業
調査会社、外資系化粧品メーカー、マーケティングコンサルタント会社などを経て、現在、キスリー商事株式会社顧問。

著書
『超同期社会のマーケティング』（2006年 同文館出版）
『情報幼児国日本』（2007年 武田出版）
『不確かな日本』（2008年 武田出版）
『政治漂流日本の2008年』（2009年 湘南社）
『2010日本の迷走』（2010年 湘南社）
『菅・官・患！被災日本2011年の世情』（2011年湘南社）
『2012年世情トピックスと自分小史』（2012年湘南社）
『マイライフ徒然草』（2013年湘南社）
『私撰月季俳句集 はじめての俳句』（2015年湘南社）
『私撰月季俳句集 日々折々日々句々』（2016年湘南社）
『私撰俳句とエッセイ集 四季の自然と花ごころ』
（2018年湘南社）
『平成三十年喜寿記念　月季俳句　百句私撰集』
（2018年湘南社）

常陸太田大使
キスリー商事株式委会社顧問
e-mail：mkg910@extra.ocn.ne.jp
吉澤兄一のブログ：http://blog.goo.ne.jp/k514/

●カバー表紙画・挿画＝谷内田孝

平成三十年間の抄録 ―30年間・262,800時間の軌跡

発　行	2019年5月14日　第一版発行
著　者	吉澤兄一
発行者	田中康俊
発行所	株式会社　湘南社　http://shonansya.com 神奈川県藤沢市片瀬海岸3－24－10－108 TEL 0466－26－0068
発売所	株式会社　星雲社 東京都文京区水道1－3－30 TEL 03－3868－3275
印刷所	モリモト印刷株式会社

ISBN978-4-434-26051-3　　C0095